Alinas Abenteuer

Leo Schmidtke / Gerhard Müller

# Alinas Abenteuer

Bibliografische Information der Deutschen Nationalbibliothek:
Die Deutsche Nationalbibliothek verzeichnet diese Publikation
in der Deutschen Nationalbibliografie;
detaillierte bibliografische Daten sind im Internet über
< http://dnb.d-nb.de > abrufbar.


© 2008 Leo Schmidtke / Gerhard Müller
Satz, Umschlaggestaltung, Herstellung und Verlag:
Books on Demand GmbH, Norderstedt
ISBN: 978-3-8334-7349-4

# 1. Kapitel: Abenteuer in Afrika

Es war einmal ein kleines 6-jähriges Mädchen aus Deutschland, mit Namen ALINA, das besuchte seinen Onkel in Südafrika und erlebte dort die tollsten Abenteuer. Eines Tages, als sie im Garten war, kam plötzlich ein großer Adler angeflogen und sagte: Komm mit mir, wir fliegen jetzt zu den wilden Tieren. Als sie angekommen waren, sahen sie eine große Elefantenherde. Der Vogel setzte Alina auf den Rücken des größten Elefanten, es war die Leitkuh, und sagte: Fürchte dich nicht, dies ist meine Freundin Jumboline, die immer auf dich aufpassen wird. Jumboline sagte: Hallo, kleine Alina, ich werde dir jetzt alle Tiere zeigen, ohne dass dir etwas geschieht, denn auf meinem Rücken, inmitten meiner Herde, bist du ganz sicher. So ist Alina mit der Elefantenherde weitergezogen. Plötzlich, es wurde schon etwas dunkel, kam ein hungriges Löwenrudel daher. Gib uns die kleine Alina herunter, sprach der große Anführer der Löwen, wir haben großen Hunger und wollen sie fressen. Da packte der Elefant den Löwen mit seinem Rüssel und schleuderte ihn in die Mitte seines Löwenrudels, so dass alle Löwen umfielen. Lasst euch das eine Warnung sein, sprach Jumboline. Alina steht unter meinem Schutz und wer sie nochmals angreift, den zertrampele ich mit meinen Füssen. Dieses sprach sich unter den Tieren schnell herum und alle Tiere, die ihnen nun begegneten, riefen: Heil dir, Alina, du bist jetzt unsere Königin und alle Tiere sollen dir gehorchen!

Da es nun dunkel wurde, setzte Jumboline mit ihrem großen Rüssel Alina auf die Erde, und Alina ging in eine runde Hütte, die ganz mit Stroh bedeckt war. Darin stand ein Bett aus Bambusstangen, gepolstert mit frischem weichem Gras und Straußenfedern. Alina ist dann auch sofort eingeschlafen. Rings um die Hütte herum stellte sich zu ihrem Schutze eine große Büffelherde auf, Körper an Körper, mit den großen schweren Hörnern nach außen. Da kam niemand durch, um Alina etwas zuleide zu tun. Am anderen Morgen spazierten Vögel auf den Rücken der Büffel herum, pickten die Maden aus den Fellen und zwitscherten so laut, dass Alina aufwachte. Als sie aus der Hütte herauskam, machten die Büffel eine Gasse frei für Jumboline, die den Rüssel voll Wasser hatte und Alina eine Morgendusche gab. Dann hob sie Alina wieder auf ihren Rücken und die Wanderung ging weiter in die Wildnis. Als erstes kam ein Nashorn mit einem langen spitzen Horn daher. Dieses hatte eine Melone aufgespießt und wollte sie Alina zum Essen reichen, aber sie kam mit ihrem Kopf nicht hoch genug. Da kam ein Äffchen aus dem nächsten Baum daher, nahm die Melone und warf sie ihr hoch zum Auffangen.

Als Nächstes begegnete ihnen eine Herde Giraffen. Die waren mit ihrem langen Hals genauso hoch wie Alina auf dem Elefantenrücken. Sie riefen: Hallo, Königin Alina, wir grüßen dich, und Alina antwortete: Kniet nieder vor mir, ich bin eure Herrscherin und keiner ist höher als ich. Daraufhin knieten sie nieder, senkten ihren Kopf und wedelten mit dem Schwanz. So kamen viele Tiere und begrüßten Alina als ihre Königin. Plötzlich fing es an dunkler zu werden und ein Gewitter zog herauf. Es donnerte ganz fürchterlich und in der Ferne zuckten Blitze. Da rief Jumboline schnell den Adler herbei, der Alina wieder zurück nach Hause brachte.

## 2. Kapitel: Der Walfisch

Alina ging wieder einmal am Strand spazieren und hüpfte fortwährend über die kleinen Wellen. Da tauchte in der Ferne ein großer Walfisch auf. Er kam so nahe es ging heran und rief: Alina, komm zu mir geschwommen und setz dich auf meinen Rücken, ich kann nicht so dicht zu dir herkommen, weil der Strand zu flach ist. Sie wusste, dass Walfische freundlich sind und sie vor bösen Haifischen beschützten. Da ist Alina hin geschwommen und auf seinen Rücken geklettert. Der Wal sagte: Halte dich an meiner Rückenflosse fest, wir schwimmen jetzt über die Meere und ich zeige dir die ganze Welt. Rings um den Wal tummelten sich eine Menge Delfine, die tanzten um den Wal herum und riefen Nappo, so hieß der Wal, wir kommen mit! Nun ging die Reise los. Nach einiger Zeit kam von rechts ein großer hungriger Haifisch angeschwommen. Sofort schwammen zwei Delfine hin und stießen ihn mit ihren spitzen Mäulern kräftig in die Seiten, so dass er Angst bekam und sich schnell wieder davonmachte. Von dem Walfischrücken, der ein sicherer Platz war, konnte Alina alles gut beobachten.

Danach begegneten sie einem großen hohen Schiff. Der Walfisch blies zur Begrüßung eine mächtige Wasserfontäne in die Luft. Der Kapitän rief mit einem Megafon (das ist ein Sprachrohr, das die Stimme lauter macht) zu Alina hinunter: Kleines Fräulein, komm an Bord, von hier oben kannst du herrlich ins Wasser springen! Die Matrosen auf dem Schiff warfen ihr eine dicke Leine herunter, an der sie sich festhielt, und zogen sie an Bord. Von hier oben konnte sie weit über das ruhige Meer blicken. Dann ist sie auf die Reling (das ist das Schiffsgeländer) geklettert, die war bestimmt zehn Meter hoch über dem Wasser, und in hohem Bogen ins Meer gesprungen. Hei, wie das platschte, alle Delfine steckten vor Freude die Köpfe ins Wasser und wedelten mit den Schwänzen. Sofort kam ein Delfin herbei, nahm Alina auf seinen Rücken und brachte sie zurück zu Nappo, dem Walfisch. Der Kapitän und die Matrosen winkten ihr noch einmal zu und dann verschwand das Schiff am Horizont.

Plötzlich zogen dunkle Wolken am Himmel auf und es begann ein großer Sturm zu wehen. Da öffnete der Walfisch sein großes Maul und rief: Alina: Komm jetzt herunter von meinem Rücken und klettere in meinen Bauch, da ist es ruhig und warm. Nachdem sie hineingeklettert war, schloss der Wal sein Maul und tauchte unter, so lange, bis der Sturm vorüber war. Danach kam er wieder nach oben und Alina kletterte erneut auf seinen Rücken. Nach einiger Zeit sah man in der Ferne eine Küste auftauchen. Beim Näherkommen entdeckte Alina Menschen, es waren Araber, die auf Kamelen ritten. Aber es war weit und breit nur Sand zu sehen, es war eine Wüste. Bei den Kamelen war auch ein kleines dabei. Oh, rief da Alina, darauf möchte ich auch mal reiten. Nappo sagte: Geh nur ruhig hin, ein Delfin wird dich an Land bringen. Wir warten hier so lange, bis du zurückkommst. Als Alina an Land war, sagten die Araber: Salem Alaikum, sei gegrüßt, weiße Blume aus dem fernen Lande, komm und reite mit uns ein Stück durch die Wüste. Dann stieg Alina auf das kleine Kamel und sagte zu ihm: Dich nenne ich Hojo, hoffentlich wirfst du mich nicht ab. Die Reise ging nun los bis zu einer Oase. Da war mitten in der Wüste eine grüne Landschaft, mit vielen Palmen, Getreide, Blumen und Gras bewachsen und in der Mitte war ein großer klarer See. Nachdem alle abgestiegen waren, liefen die Kamele ans Wasser und tranken so lange, bis nichts mehr in ihren Bauch hineinging. Die Araber gaben Alina Fladenbrot, süße Datteln und Feigen zu essen. Zu trinken gab es köstlichen Orangensaft. Nachdem sie zwei

Stunden geschlafen hatte, brachten die Leute Alina wieder zurück zum Meer. Dort sagten sie zum Abschied zu ihr: Lebe wohl, du kleine Blume, Allah möge dich auf deiner weiteren Reise beschützen. Das kleine Kamel Hojo kniete nieder, damit Alina absteigen konnte. Lebe wohl, lieber Hojo, sagte sie zu ihm, und werde ein recht großes Kamel. Der Delfin brachte Alina dann wieder zurück auf Nappos Rücken.

Nun ging die Reise weiter, neuen Abenteuern entgegen.

# 3. Kapitel: Die Piraten

Nachdem Alina wieder auf Nappos Rücken gelandet war, sagte dieser zu ihr: Willkommen, liebe Alina. Ich habe schon sehr auf dich gewartet. Die See ist ruhig und die Sonne scheint so schön, darum wollen wir schnell weiterreisen.

So ging dann die Reise über das blaue Meer, bis plötzlich eine herrliche Insel am Horizont auftauchte. Beim Näherkommen war ein weißer Sandstrand mit schönen grünen Palmen zu sehen. Da sagte Alina zu dem Walfisch: Lieber Nappo, rufe einen Delfin herbei, ich möchte auf die Insel und mich an den warmen Strand legen. Nachdem der Führer der Delfine mit Namen Flippi Alina am Strand abgesetzt hatte, legte sie sich unter eine Palme in den weißen Sand. Nach kurzer Zeit war sie eingeschlafen. Nun wurde es langsam dunkel und Alina schlief immer noch. Nappo bekam es mit der Angst zu tun und sagte zu Flippi: Schwimme so dicht wie möglich an den Strand und rufe Alina zurück. Der Delfin tat das auch, aber seine Stimme war so leise, dass sie sein Rufen nicht hörte. Plötzlich fiel eine Kokosnuss vom Baum neben ihr nieder. Davon wachte sie auf und merkte nun, dass es bereits ganz dunkel war. In der Ferne war auf der Insel ein Licht zu sehen. Da ist sie dann hingelaufen. Als sie näherkam, erkannte sie eine Hütte. Sie blickte durch das Fenster und sah lauter Männer mit braunen Gesichtern und dunklen langen Bärten. Sofort konnte sie erkennen, dass das Seeräuber, auch Piraten genannt, waren. Die hatten gerade ein Schiff überfallen und teilten sich ihre Beute. Dabei ging es sehr laut zu und sie zankten und prügelten sich, weil jeder das Beste von der Beute haben wollte. Auf einmal blickte einer der Piraten zum Fenster und sah Alina dort. Sofort sprangen alle auf, kamen heraus, packten sie und schleppten sie in ihre Hütte. Wen haben wir denn da gefangen, sagten sie. So ein hübsches Kind könnten wir sicher für viel Geld an die Araber verkaufen. Sie fesselten Alina und legten sie auf eine Kokosmatte. Ihr Halunken, sagte Alina, ich habe Hunger und Durst, gebt mir endlich was zu essen und zu trinken! Da sprachen sie untereinander und sagten: Wir müssen das Kind schön pflegen, umso mehr Geld bekommen wir dafür. So erhielt sie gebratenen Fisch zu essen und klares Quellwasser zu trinken. Dann wurde sie sehr müde und schlief ein.

Am anderen Morgen brachten sie Alina auf ihr Piratenschiff. Das war ein großes Segelschiff mit drei Masten. Dort wurde sie an einen Mast angebunden, damit sie nicht fliehen und ins Wasser springen konnte. Nun wurden die Segel gesetzt, es waren schwarze Segel, und auf jedes war ein großer weißer Totenkopf aufgemalt. Dieser Totenkopf war das Zeichen der Piraten. Nappo und Flippi mit seinen Freunden hatten natürlich beobachtet, wie sie Alina auf das Schiff gebracht haben. Als der Wind nun kräftig in die Segel blies, fuhr das Schiff ab und der Walfisch mit seinen Delfinen schwomm in großem Abstand hinterher. Die Piraten segelten zurück zur arabischen Küste, um Alina dort zu verkaufen. Sie ließen den Anker herab und zwei Männer paddelten mit einem Boot an Land. Nach einiger Zeit kamen Araber auf ihren Kamelen herangeritten. Es waren die gleichen, die Alina so freundlich aufgenommen hatten und die sie auf dem kleinen Kamel Hojo reiten ließen. Die Piraten sagten, sie hätten ein kleines hübsches Kind zu verkaufen. Darauf antworteten die Araber, das müssen wir erst einmal anschauen. So fuhr einer der Männer zum Schiff und holte Alina herbei. Die Araber erkannten sie sofort wieder, gaben das aber nicht zu erkennen. Zum Schein gingen sie auf den Handel ein. Hört zu, ihr Männer, sagte der Anführer – er war ein Scheich und hieß

Jussuf Ali Achmed Ben Baba Bibi Bubu Ben Hamid Harun Hassan (die Araber haben immer so lange Namen), wurde aber nur kurz Abu Saif (das heißt ›Vater des Säbels‹) genannt. Wir geben euch für das Kind tausend Kamele!! Nein, sagten die Piraten, wir wollen Gold!! Da sagte Abu Seif: das müssen wir erst holen. Kommt inzwischen alle an Land, wir braten einen Hammel und trinken köstlichen Wein dazu. Da kamen alle Piraten an Land. Es wurde ein großes Feuer angezündet, ein Hammel geschlachtet und am Spieß gebraten. Die Piraten tranken so viel Wein, dass sie am Ende alle betrunken waren und am Lagerfeuer einschliefen. Darauf hatten die Araber nur gewartet. Nun fielen Sie über die Piraten her und fesselten sie an Händen und Füßen. Dann befreiten sie Alina von ihren Fesseln und sagten: Liebe Alina, nun bist du wieder frei, welch ein Glück, dass wir es waren, die die Piraten getroffen haben. Dann gaben sie ihr ein großes Stück Fleisch zu essen und aus einer Lederflasche musste sie Kamelmilch trinken. Hinterher wurde sie in ein Zelt gebracht, wo sie bis zum anderen Morgen fest auf dicken Teppichen geschlafen hat.

Am anderen Morgen ist sie auf das kleine Kamel Hojo gestiegen und alle Araber sind mit ihr zum Strand geritten, wo Flippi und weiter draußen Nappo und die anderen Delfine schon auf Alina warteten. Der Scheich reichte Alina zum Abschied beide Hände und sprach: Allah beschütze dich auf deinen weiteren Reisen und halte immer seine Hand über dir, dass nicht noch einmal solch' ein Missgeschick passiert. Die anderen Araber riefen: Allah u Akbar, Gott ist groß, auf Wiedersehen. Dann brachte der Delfin Flippi Alina wieder zum Walfisch Nappo und alle waren froh, sie wiederzuhaben. Die von den Arabern gefangenen Piraten wurden der Polizei übergeben und mussten für zwanzig Jahre ins Gefängnis. Das Seeräuberschiff mit den Totenkopfsegeln wurde auf dem Meer verbrannt. Nappo und alle waren froh, sie wiederzuhaben. Nun ging die Reise weiter, neuen Abenteuern entgegen.

# 4. Kapitel: Das indische Schloss

Nachdem die Reise über eine Woche lang bei herrlichem Sonnenschein immer weiter nach Osten ging, kam in der Ferne plötzlich Land in Sicht. Als sie nahe an der Küste waren, sagte Alina zu dem Walfisch: Setzt mich an Land und wartet hier auf mich, ich will sehen, was das für ein Land ist und welche Menschen hier leben. Da Flippi, der Anführer, gerade die ausgelassenen Delfine zur Ordnung rufen musste, sollte der kleinste Delfin Alina an Land bringen. Sie setzte sich auf seinen Rücken, aber er war so klein und glatt, dass sie gleich wieder heruntergerutscht und ins Wasser gefallen ist. Da das Wasser aber warm war, ist sie, als eine gute Schwimmerin, gleich selber an Land geschwommen.

Nachdem ihre Kleider getrocknet waren, ist sie losmarschiert und kam nach einer halben Stunde an eine große Stadt. Die Bewohner sahen sie und kamen ihr schon entgegen. Wo bin ich hier?, fragte Alina. Die Leute antworteten: Du bist hier in Indien und unsere Stadt heißt Bombay. Da kam eine Fahrrad-Rikscha daher, das ist ein Mann auf einem Fahrrad mit einer angehängten zweiräderigen Karre mit Sitzbank darauf, und lud sie ein, einzusteigen. Dann ging's im Trab in die Stadt hinein. Dort waren eine Menge Leute, alle dunkelbraun, die Männer mit schwarzen Bärten und die Frauen hatten wunderschöne bunte Kleider, Saris genannt, an. Auf den Straßen liefen lauter Kühe herum, die waren heilig (das heißt von Gott gesegnet), denen durfte niemand etwas zuleide tun. In den Bäumen und auf manchen Häusern turnten Affen herum. Die stahlen den armen Leuten die Lebensmittel, aber auch denen durfte niemand etwas tun. Die Straßen waren ziemlich schmutzig und aus manchen Häusern hing Wäsche aus den Fenstern. Da sagte

Alina zu dem Rikscha-Fahrer: Hier gefällt es mir überhaupt nicht, bring mich wieder zurück an die Küste. Inzwischen hatten die Leute aber schon ihren Herrscher, das war ein Maharadscha, informiert. Dieser wollte sie begrüßen und schickte ihr zum Empfang eine Ehrengarde. Das waren zehn Reiter in roten Uniformen mit goldenen Knöpfen und langen Lanzen sowie ein großer Elefant. Dieser war mit Blumen und bunten Tüchern geschmückt und auf seinem Rücken befand sich ein vergoldeter Thron mit weichem Sitz. Gleich hinter dem Kopf saß der Führer des Elefanten, das war ein Mahaut. Der Mahaut befahl dem Elefanten, sich hinzuknien. Dann wurde eine Leiter angelegt und Alina kletterte auf seinen Rücken auf den Thron. Heißa, war das eine Schaukelei, als der Elefant sich aufrichtete. Von den Reitern ritten je vier links und vier rechts vom Elefanten und zwei ritten vorweg. Hinterher, in einigem Abstand, marschierten viele Leute mit und machten auf verschiedenen Musikinstrumenten einen Höllenlärm.

Nun ging es einen Berg hinauf. Oben auf dem Berg stand das Schloss des Maharadschas. Die Reise endete auf einem großen Schlosshof. Innen befand sich ein runder Springbrunnen mit einer Insel in der Mitte. Auf der Insel wuchsen bunte Blumen, die von Wasserfontänen berieselt wurden. An beiden Seiten standen große Palmen und vorn war eine breite Treppe mit blauen Marmorstufen. Der Maharadscha und seine Frau, die Maharani, kamen die Treppe herunter, um Alina zu empfangen. Der Elefant musste niederknien und mit seinem dicken Rüssel setzte er sie auf den Boden. Willkommen auf unserem Märchenschloss, schönes fremdes Mädchen, sprach der Maharadscha, und die Maharani lächelte freundlich dazu. Dann kamen einige Diener und hängten ihr Blumenkränze um den Hals. Guten Tag, Ihr Herrscher des Landes, antwortete Alina und machte einen

Knicks. Ich bin Alina aus Deutschland und mache eine weite Reise auf einem Walfisch.

Da nahm sie die Maharani an die Hand und führte sie in das Schloss. Sie kamen in ein großes Zimmer. Geradeaus war eine große Glasschiebetür und davor ein Balkon. Von da aus konnte man weit über das ganze Land schauen. Mitten im Zimmer stand ein weißes Himmelbett und an vier goldenen Pfosten hing ein blauer Baldachin, das ist wie ein Himmel aus Stoff darüber. Ringsherum standen Möbel aus dunkelbraunem Holz mit silbernen Schalen darauf. Diese Schalen waren mit allerlei köstlichen Früchten gefüllt.

Nebenan war ein großes Badezimmer. Eine runde Badewanne mit goldenen Wasserhähnen war in den Boden eingelassen. Der Boden bestand aus buntem Marmor. Rings um das Wasserbecken waren Blumen angeordnet und über dem ganzen Badezimmer wölbte sich eine runde Glaskuppel. Hinter dem Badezimmer befand sich ein weiterer Raum mit Turngeräten. Da waren ein Trampolin, ein Klettergerüst, eine Kletterstange und verschiedene andere Geräte. So, liebe Alina, sagte die Maharani, diese Räume gehören dir, solange du hier wohnen willst. Ich lasse dich jetzt allein, damit du etwas ausruhen und dich erfrischen kannst. Dann ging sie hinaus. Nach einer halben Stunde, Alina hatte sich etwas hingelegt, kamen zwei schlanke hübsche Mädchen in weißen Gewändern herein. Diese halfen ihr beim Ausziehen und Baden. Danach zogen sie ihr einen blau-grünen Sari, mit rosa Blumen darauf, an, und dazu gehörte ein goldener Gürtel. Nun führten die Mädchen Alina in einen großen Speisesaal. Ringsherum an den Wänden brannten viele Kerzen in silbernen Leuchtern. An der Decke über der Tafel, dem Esstisch, hing ein runder Leuchter von drei Metern Durchmesser mit ungefähr hundertzwanzig brennenden Kerzen. Die Tafel war mit feinen bunten Porzellantellern und silbernen

Bestecken gedeckt. Davor standen rote, blaue und grüne Kristallgläser. Ferner war der Tisch mit Kränzen aus bunten Blumen geschmückt. An der Tafel saßen der Maharadscha und die Maharani mit ihren sechs Söhnen und fünf Töchtern. Alinas Platz war zwischen dem Maharadscha und der Maharani. Die Söhne und Töchter saßen alle gegenüber. Nun gab es die köstlichsten Speisen und Getränke. Dazu spielte eine Musikkapelle fremde Melodien. Nach dem Essen nahmen zwei der Töchter, Mara und Mira, Alina an die Hand und zeigten ihr den Schlossgarten. Ringsherum war eine hohe Mauer und in Abständen standen Kanonen auf einer Platte. Hiermit haben wir früher unsere Feinde abgewehrt, sagte Mara, und Mira ergänzte: Aber jetzt herrscht Frieden in unserem Land. Im Schlossgarten befand sich ein großer Teich mit seltenen Fischen darin. Auf einer Steinmauer sonnten sich Eidechsen und Salamander. So gingen sie weiter im Garten umher, spielten auf einer grünen Rasenfläche mit Bällen und Hula-Hoop-Reifen und Alina zeigte den beiden ihre Turnkünste. Auf diese Weise verbrachte sie eine Woche auf dem Schloss. Dann nahm sie Abschied von all den gastfreundlichen Menschen und die Ehrengarde brachte sie zurück an die Küste. Der Walfisch Nappo und die Delfine staunten nicht schlecht, als Alina hoch oben auf dem Elefantenrücken daherkam. Der Elefant setzte sie gleich mit seinem Rüssel auf den Delfinrücken. Dann war Alina wieder auf dem Walfischrücken und es begann die Weiterreise in andere fremde Länder.

# 5. Kapitel: Die Chinesen

Ihre Reise ging nun weiter durch den Indischen Ozean, an vielen großen Inseln vorbei, bis sie endlich in China angekommen waren. Alina ließ sich wieder an Land bringen. Sofort kamen eine Menge Chinesen herbei. Die hatten alle eine gelbe Haut und Schlitzaugen. Die Köpfe der Männer waren kahl geschoren, jedoch hing von den Hinterköpfen ein langer Zopf herab. Die Frauen hatten bunte Kleider und spitze Schuhe an und wedelten sich mit einem Fächer, auf dem lauter Schmetterlinge aufgemalt waren, frische Luft zu, denn es war sehr warm. Alle Leute stellten sich vor Alina auf und sagten: Guten Molgen, flemdes Kind, du kommst sichel aus Eulopa. Die Chinesen können nämlich kein ›R‹ aussprechen und sagen stattdessen immer ›L‹. Ja, ihr Leute, antwortete Alina, das stimmt, aber meine Reise habe ich in Südafrika angetreten. Die Chinesen, es waren alles Fischer, luden sie zu sich nach Hause ein. Dort gab es eine Menge Fisch zu essen. An der Wand hing ein großer ausgestopfter Schwertfisch. Der war 1,50 Meter lang und vorn am Maul hatte er noch ein 1 Meter langes Schwert. Dann fragten die Männer Alina, ob sie Lust hätte, auf ihrem Schiff mit hinaus aufs Meer zum Fischen zu fahren. Sie sagte sofort ja. Am anderen Tag, früh morgens, bevor die Sonne aufging, sind sie hinausgefahren. Als sie soweit draußen auf dem Meer warteten, dass kein Land mehr zu sehen war, kam plötzlich eine Dschunke, so heißen die Segelschiffe in China, daher. Au wei, sagten die Fischer, das sind Opiumschmuggler. Opium ist ein Rauschgift, das die Chinesen in einer Pfeife rauchen. Weil das Opium sehr gesundheitsschädlich ist, ist es in China verboten und der Besitz wird streng bestraft. Die Schmuggler wollten das Opium nun so an Land bringen, dass die

Polizei nichts merkt. Dazu benötigten sie das Fischerboot. Bei diesem Boot schöpfte die Polizei ja keinen Verdacht. Die Dschunke kam immer näher und die Fischer stellten sich an die Reling, um sich gegen die Angreifer zu verteidigen. Damit Alina nichts passierte, wurde sie unter Deck in eine Kabine geschickt. Die Schmuggler wollten es aber auf einen Kampf Mann gegen Mann nicht ankommen lassen, weil sie wussten, dass die Fischer tapfere Kämpfer sind.

Sie kamen auf cirka zehn Meter an das Fischerboot heran und warfen mit einer großen Schleuder so genannte ›Stinktöpfe‹ auf das Fischerboot. In diesen Geschossen war ein Giftgas enthalten, das die Menschen betäubt und besinnungslos macht. So geschah es auch mit Alina und den Fischern. Als Alina wieder aufwachte, waren die Schmuggler an Bord. Das waren lauter wilde Gestalten mit langen Messern in den Händen. Die Fischer lagen an Händen und Füßen gefesselt an Deck und die Schmuggler brachten das Opium von ihrer Dschunke auf das Fischerboot. Alina hatten sie in einer Kabine eingeschlossen. Der Walfisch Nappo mit den Delfinen war natürlich immer hinter dem Fischerboot hergeschwommen und hatte alles gesehen. Nun hatte die Kabine, in der Alina eingesperrt war, kleine runde Fenster, so genannte Bullaugen. Die dummen Schmuggler hatten natürlich nicht daran gedacht, dass Alina viel kleiner als die Fischer war. Also öffnete sie ein Bullauge und sprang unbemerkt hinaus ins Wasser. Nappo nahm sie sofort auf seinen Rücken und schwamm mit ihr zum Ufer. Alina ging wieder an Land und erzählte den Fischerfrauen, was passiert war. Diese riefen sofort die Polizei herbei. Die Polizisten versteckten sich hinter den Felsen am Ufer und warteten auf die Schmuggler. Diese kamen nichts ahnend mit dem Opium an Land. Sofort fielen die Polizisten über sie her und nahmen sie fest. Dann wurden sie gefesselt und in das Polizeigefängnis gebracht.

Die Fischer lagen immer noch gefesselt an Deck des Fischerbootes. Zwei Polizisten ruderten mit einem kleinen Boot zum Schiff und befreiten die Fischer. Als die Fischer wieder an Land waren, kamen sie sofort zu Alina und sagten: Liebe Alina, du hast unsel Schiff und unsel Leben gelettet, das welden wil dil niemals velgessen. Dann wurde Alina auf den Schultern der Fischer im Triumphzug durch das Fischerdorf geführt und alle Dorfbewohner riefen: Willkommen, du Lettelin unselel Leute und unseles Schiffes. Sie brachten sie zum Bürgermeister und Alina zu Ehren wurde ein großes Lampionfest gefeiert. Auf einem runden Platz standen Tische und Bänke und ringsherum waren bunte Papierlaternen aufgehängt. Auf einer aufgebauten Bühne sangen junge Mädchen ein vom Dorflehrer schnell gedichtetes Lied, das lautete:

> Alina aus dem fernen Land
> wird nun in China sehr bekannt
> tsching tsching ping
> Sie hat das Fischerboot befreit
> das hat uns alle sehr gefreut
> tsching tsching ping
> Sie wird belohnt für ihre Tat
> wird Ehrenjungfrau unserer Stadt
> tsching tsching ping
> Es danken dir hier alle Leute
> nur Gutes wünschen wir dir heute
> tsching tsching ping

Über dieses Lied hat sich Alina so sehr gefreut, dass ihr die Tränen kamen. Nachdem Alina und alle Leute viel Fisch gegessen und chinesischen Tee getrunken hatten, geleiteten sie sie zurück zum Ufer und ein Delfin brachte Alina zurück zu Nappo.

# 6. Kapitel: Navajo-Indianer

Nach langer Reise über den Großen Ozean kam endlich wieder Land in Sicht! Es war die Westküste Amerikas. Hier musste sich Alina leider von Nappo und den Delfinen verabschieden, da die weitere Reise weit über das Land ging bis zur anderen Seite Amerikas. Lieber Nappo, sagte sie zu ihm, hab vielen, vielen Dank dafür, dass du mich so weit getragen und beschützt hast. Dann gab sie ihm einen Kuss auf sein linkes Auge (das Maul war ja viel zu groß dafür) und Flippi brachte sie an Land. Auch Flippi bekam einen Kuss auf die Nase. Zum Abschied spritzte der Walfisch Nappo zwei riesige Fontänen in die Luft. Die Delfine bildeten einen Kreis um Nappo und standen mit den Köpfen senkrecht aus dem Wasser heraus. Sie winkte noch einmal zurück und zwei dicke Tränen rannen Alina über die Wangen. Dann machte sie sich auf den Weg in das Land.

Nach etwa einer Stunde, sie war vom Wandern schon recht müde und hatte auch Hunger und Durst, kamen plötzlich eine Menge Menschen daher. Es waren Indianer vom Stamme der Navajos, die in dieser Gegend lebten. Gott sei Dank waren es keine kriegerischen Indianer, sondern friedlich gesinnte, freundliche Menschen. Der Häuptling, er hieß Großer Schuh, sagte: Wir machen eine weite Reise über das große Felsengebirge, bis zum Missouri-Fluss. Oben auf dem Felsengebirge liegt tiefer Schnee und es ist sehr kalt dort. Dann kommen wir in das Gebiet der Sioux. Das sind wilde kriegerische Indianer, die gern kämpfen und anderen Indianern die Pferde wegnehmen. Willst du diese gefährliche Reise mitmachen? Sie überlegte einen Moment und sagte dann: Ja, das will ich. Ihr seid so viele Leute, über dreihundert Männer, Frauen und Kinder, darunter allein hundert

Männer, da bin ich gut aufgehoben und fürchte mich nicht. Dann nehmen wir dich in meinem Stamm auf, sagte der Häuptling. Du erhältst den Namen Schnurzi, das heißt ›Die Liebliche, die vom Meer kam‹. Ich habe gesprochen. Hugh. Damit war sie nun eine Indianerin. Einige Frauen, sie wurden Squaws genannt, machten ihr etwas zu essen und gaben ihr Wasser zu trinken. Dann wurde sie in eine Familie aufgenommen. Der Mann, er war zweiter Häuptling und hieß Kluger Kopf. Seine Squaw hieß Schöne Blume, denn sie war sehr hübsch. Sie hatten eine Tochter, die nun Alinas Schwester war. Dieses Mädchen hieß Schwarze Rose und sie hatte pechschwarzes Haar. Alina nannte sie aber Rose und sie sagte Alina zu ihr. Die Indianer waren alle beritten, das heißt Männer, Frauen und Kinder ritten auf Pferden, die Kinder allerdings auf Ponys. An den Pferden der Frauen waren links und rechts zwei lange Stangen befestigt, die die Tiere hinter sich herzogen. Darauf befanden sich Zelte, Decken und sonstige Sachen, die zum Schlafen und Essen benötigt wurden. Auch Alina erhielt ein weißes Pony zum Reiten und nannte es Liebling. Nun, am Nachmittag, kamen sie in ein großes Tal mit saftigen Wiesen und ein kleiner Bach floss mitten durch. Hier wollen wir die Nacht lagern, sprach Häuptling Großer Schuh. Alle hielten an und bauten ihre Zelte auf. Alinas Familie hatte ein großes Zelt aus weißem Hirschleder. An der Spitze standen die Haltestangen heraus. Daran waren bunte Adlerfedern befestigt als Zeichen, das hier der zweite Häuptling wohnte. Innen waren weiche wollene Decken zum Schlafen ausgebreitet. Alina musste zusammen mit Rose unter einer Decke schlafen. Vorher kochte die Squaw draußen über einem Holzfeuer in einem Kessel eine leckere Suppe mit viel Gemüse und Wildschweinstückchen darin. Den Pferden wurden die Vorderbeine mit etwas Abstand zusammengebunden, so dass sie sich bewegen, aber nicht fortlaufen konnten. Dann wurden sie zum Grasen freigelassen. Einige Männer mussten Wache stehen, damit keine Pferde gestohlen werden. Dann ging die Sonne unter und alle Leute gingen schlafen.

# 7. Kapitel: Abenteuer in den Bergen

Am anderen Morgen, als die Sonne aufging, machte einer der Wächter den Weckruf. Das hörte sich so an: Uiuiuiuiuiuiuiuiui! Alle Indianer kamen aus ihren Zelten und liefen zum nahen Bach, um sich zu waschen. Erst kamen die Frauen und Kinder, dann die Männer an die Reihe. Anschließend wurden die Zelte abgebaut und weiter ging die Reise. Alinas Pony Liebling war sehr zutraulich und wollte immer gestreichelt werden. Nun kamen sie an einen Fluss. Die Pferde konnten zwar schwimmen, aber was geschah mit den ganzen Zelten und Gepäck? Nun, ganz einfach. Die Indianer bauten aus grobem Schilf, welches am Ufer wuchs, Flöße. Darauf wurde alles verladen und so über den Fluss geschafft. Alina saß auf dem Rücken ihres Ponys, welches ohne Probleme über den Fluss schwamm. Plötzlich sah sie, wie ihre Indianerschwester Rose, die noch nicht so gut schwimmen konnte, von ihrem Pony rutschte und in den Fluss fiel. Sofort war Alina von ihrem Pony ins Wasser gesprungen, schnell zu ihr hin geschwommen und hatte sie gerettet und ihr wieder auf ihr Pony geholfen. Am anderen Ufer erzählte Rose ihren Eltern, was passiert war. Die bekamen nachträglich noch einen großen Schreck und beschlossen sofort, dass Alina Rose so schnell wie möglich richtig schwimmen lehrt. Zum Dank für die Rettung wurde sie zur Häuptlingstochter mit besonderen Verdiensten ernannt und erhielt einen Stirnreif mit zwei schwarzen Adlerfedern daran. Diese Auszeichnung mit den schwarzen Federn erhielten sonst nur Häuptlinge, die sich durch besondere Tapferkeit ausgezeichnet hatten. Nun blickten alle Frauen voller Achtung zu Alina auf und erzählten ihren Kindern von ihrer tapferen Tat. Plötzlich war sie das angesehenste Mädchen im ganzen Indianerstamm und alle Kinder wollten jetzt neben ihr reiten. Das ging aber nicht, weil es so viele waren. So wurde bestimmt, dass jeden Tag zwei andere Kinder neben ihr reiten durften.

Inzwischen waren sie am Fuße des Felsengebirges angekommen. Die Indianer nahmen die Frauen und Kinder in die Mitte und nahmen Pfeile und Bogen zur Hand, denn von hier ab gab es riesengroße Grizzlybären. Die waren jetzt besonders gefährlich, weil sie zu dieser Zeit ihre Jungen hatten. Kaum waren sie ein Stück in den Bergen, da tauchte vor ihnen auch schon eine Bärenmutter mit zwei Jungen auf. Die Bärenmänner werden von den Müttern davongejagt, weil sie oft ihre eigenen Jungen tot beißen. Die Bärin richtete sich drohend auf, indem sie auf den Hinterbeinen stand! Sie war etwa 2,50 Meter groß. Die Indianer sammelten trockenes Reisigholz auf, steckten es in Brand und vertrieben die Bären damit, denn vor Feuer haben sie mächtig Angst. Sie konnten nun weiterreiten. Währenddessen war Alina etwas zurückgeblieben und plötzlich kam ein Bärenjunges seitlich aus einem Gebüsch zu ihr hergelaufen. Nicht anfassen, schrieen die Indianer, komm sofort zu uns her! Aber da kam auch schon die Bärenmutter, die ihr Junges suchte, laut brummend auf Alina zu. Ein junger Indianerhäuptling, er war dritter Unterhäuptling, erkannte die Gefahr sofort, in der sie schwebte. Er kam auf seinem wilden Mustang auf sie zu geritten, riss sie von ihrem Pony auf sein Pferd und jagte zurück zu den anderen Indianern. Ihr Pony lief, so schnell es konnte, hinter dem großen Indianerpferd her. So hatte sie noch einmal Glück gehabt und es war nichts passiert. Jetzt ging es immer steiler die Berge hinauf. Es lag schon Schnee und es war lausig kalt. Alle Indianer, auch Alina, hatten sich in warme Decken gehüllt. An einem windgeschützten Platz, vor einer großen Felsenwand, wurde das Nachtlager aufgeschlagen. Nachdem wieder die Zelte aufgebaut waren, wurden große Feuer entzündet. Das war erforderlich, um sich daran zu wärmen, und gleichzeitig als Schutz vor hungrigen Wölfen, die sich in großer Anzahl hier herumtrieben. Über den Feuern wurden jetzt viele Fleischstücke gebraten und verzehrt. Da Alina kein Messer besaß, kam der junge Häuptling, der sie vor der Bärin gerettet hat, zu ihr und schnitt ihr das Fleisch in lauter kleine Stücke. Danach gingen alle Leute in ihre Zelte zum Schlafen. Alina und Rose wickelten sich in eine warme Decke. Einige Feuer wurden, wegen der Wölfe, die ganze Nacht hindurch am Brennen gehalten. Plötzlich, mitten in der Nacht, fingen die Wölfe an zu heulen. Das war so laut und klang so schauerlich, dass Alina aufwachte und es mit der Angst bekam. Sie weckte Rose auf, aber Rose sagte: Das machen die Wölfe hier jede Nacht. Du brauchst keine Angst zu haben. Nachdem sie gerade wieder einschlafen wollte, hörte sie außen am Zelt ein seltsames Scharren und Kratzen. Auf einmal war da ein Loch im Zelt und ein Wolf steckte ein Stück seiner Schnauze durch und bleckte mit den Zähnen. Alina rief ganz laut um Hilfe. Davon wurde Rose wach, sah die Wolfsschnauze, nahm einen großen Knüppel und gab dem Wolf einen kräftigen Schlag auf die Schnauze. Laut heulend verschwand dieser wieder. Einer der Wächter war auf Alinas Hilferuf herbeigeeilt und verstopfte das Loch mit einer dicken Büffelhaut. Endlich konnte sie wieder einschlafen. Am anderen Morgen, als alle geweckt wurden, hatte sie sich das Loch, das der Wolf aufgerissen hatte, angesehen. Das war schon ganz schön groß. Puh, war das eine aufregende Nacht. Nun wurden wieder die Zelte abgebaut und es ging weiter in die Berge.

# 8. Kapitel: Die Sioux

Die Reise ging nun weiter durch tiefen Schnee, denn sie hatten inzwischen den Gipfel des Gebirges erreicht. Es ging gerade wieder bergab, als plötzlich eine große Schneelawine dicht neben ihnen herunterrauschte. Alinas Familie, das heißt der zweite Häuptling Kluger Kopf, seine Squaw Schöne Blume, ihre Schwester Rose und sie, hatten alle Glück gehabt. Jedoch wurden einige Indianer vom Schnee verschüttet. Sofort fingen mehrere Männer an, im Schnee zu graben, um die Verschütteten noch lebend zu bergen. Alina musste leider untätig dabei stehen und zusehen. Auf einmal sah sie, dass die Spitze einer Adlerfeder aus dem Schnee herausragte. Ganz aufgeregt rief sie einige Indianer herbei, die sofort mit den Händen den Schnee entfernten. Nach einiger Zeit hatten sie den Mann ausgegraben. Es war der junge Häuptling, der Alina vor der Bärin gerettet hatte. Gott sei Dank war er nur bewusstlos. So hatte Alina ihm durch ihre Aufmerksamkeit das Leben gerettet, denn kurze Zeit später wäre er erstickt. Auch die anderen Verschütteten konnten alle lebend gerettet werden. Als der junge Häuptling wieder bei Bewusstsein war, kam er zu Alina und sagte: Schnurzi, du Liebliche, die von Meer kam, du hast mir soeben das Leben gerettet. Mein Leben gehört jetzt dir und wenn du erwachsen bist, werde ich dich heiraten!

Dadurch, dass er Alina ein Heiratsversprechen gemacht hatte, durfte sie jetzt, wie auch die älteren Bräute, eine rote Blume im Haar tragen. Als sie etwas tiefer von den Bergen herabgestiegen waren, pflückte ihr der junge Häuptling persönlich eine dicke rote Blume und steckte sie ihr ins Haar. Darauf war sie sehr stolz. Nun kamen sie in eine große, mit Gras bewachsene Ebene, die Prärie. In der Ferne tummelte sich eine riesengroße Büffelherde. Da beschlossen die Indianer, einige Büffel zu jagen, weil ihre Fleischvorräte zu Ende gingen. Da Alina mal wieder sehr neugierig war, war sie als erste auf ihrem Pony Liebling auf die Herde zu geritten. Die Indianer hatten gar keine Zeit mehr, sie zu warnen. Als der Leitbulle Alina sah, schwenkte die ganze Büffelherde plötzlich herum und kam auf sie zugerast. Als die Indianer sahen, dass sie und ihr Pony in der Gefahr waren, niedergetrampelt zu werden, ritten einige der Männer schnell auf sie zu und erreichten sie kurz vor der Büffelherde. Dann schossen sie mit ihren Gewehren in die Luft, um die Büffel zu erschrecken. Daraufhin teilte sich die Herde und raste links und rechts an ihnen vorbei. Das war gerade noch einmal gut gegangen, aber sie waren über und über mit Staub bedeckt. Nun gelang es einigen Indianern, einige Büffel zu schießen. Damit war der Fleischvorrat für die nächste Zeit gedeckt. Danach ging der Ritt weiter über die Prärie. Auf einmal, es war nur noch eine Stunde vor Sonnenuntergang und sie hatten gerade die Zelte aufgebaut, erscholl von alten Seiten ein lautes Geschrei. etwa so: Hiiiiiiiiii, hiiiiiiiii, hiiiiiiii, und so weiter. Oh je, oh je, was war denn das nun? Sie waren plötzlich von einer großen Anzahl Sioux-Indianer eingeschlossen. Das war ein wilder kriegerischer Stamm, der andere Indianer überfiel, sie tötete oder gefangen nahm und sie all ihrer Habseligkeiten beraubte. Was war zu tun, sollten sie kämpfen, wobei es viele Tote gegeben hätte? Die beiden Häuptlinge Großer Schuh und Kluger Kopf beschlossen, zu verhandeln. Sie ritten auf die feindlichen Sioux zu und schwenkten eine mit bunten Federn bewickelte Lanze hin und her. Darauf kamen zwei Sioux-Häuptlinge angeritten und forderten den Navajo-Indianer auf, sich zu ergeben und alle Pferde und Zelte abzugeben. Das wurde von den Navajo-Häuptlingen abgelehnt. Sie sagten, dann kämpfen wir lieber gegen euch! Nun waren die Sioux allerdings in der Überzahl. Alle Häuptlinge zogen sich zur Beratung zurück. Danach trafen sie sich erneut. Man verhandelte am Lagerfeuer bis spät in die Nacht hinein. Am Ende sagten die Sioux: Ihr könnt alle eure Pferde und Sachen behalten, aber dafür gebt ihr uns das weiße Mädchen, das mit euch reitet, wir machen daraus eine Sioux-Squaw. Großer Schuh und Kluger Kopf kamen zurück und berieten mit den Unterhäuptlingen, was zu tun sei. Der dritte Unterhäuptling, er hieß Schneller Wind und war derjenige, der Alina später heiraten wollte, sagte: Geht ruhig auf den Handel ein. So behalten wir all unsere Pferde und Zelte und können unbehelligt weiterreiten. Ich selber werde später meine zukünftige Braut befreien. Sollte mir das nicht gelingen, bin ich bereit, dafür am Marterpfahl zu sterben.

So wurde sie nun den Sioux-Indianern übergeben, aber ohne ihr Pony. Die Sioux stimmten ein lautes Siegesgeheul an und zogen mit Alina davon.

# 9. Kapitel: Bye, Bye, Sioux

Nachdem die Sioux mit Alina weitergeritten waren, zogen auch ihre Navajo-Indianer weiter, nur der dritte Unterhäuptling Schneller Wind blieb heimlich zurück, um sie zu befreien. Der Sioux-Häuptling, er hieß Großes Haupt, denn er hatte einen riesengroßen Kopf, mit kurzen rotgefärbten Haaren und mit Adlerfedern geschmückt, ließ Alina zu sich kommen und fragte ganz freundlich, wo sie herkäme und wie sie zu den Navajos gekommen sei. Nachdem sie ihre Geschichte erzählt hatte, sagte der Häuptling: Du brauchst dich nicht zu fürchten, keiner tut dir bei uns etwas zuleide. Alle Frauen können bei uns tun, was sie möchten, das gilt auch für dich. Wenn du uns an irgendeinem Ort verlassen möchtest, kannst du das ohne Weiteres tun. Dieses gefiel Alina natürlich sehr gut und den Navajo-Unterhäuptling wollte sie sowieso nicht heiraten. So ist sie frohen Mutes mit den Sioux weitergezogen. Andere Squaws gaben ihr zu essen und sie erhielt nachts ein eigenes Tipi (das ist ein Indianerzelt). Inzwischen schlich natürlich Schneller Wind von den Navajos immer hinter ihnen her, um sie zu befreien. Die Frage war inzwischen nur, ob sie sich noch befreien lassen wollte? Eines Nachts raschelte es an ihrem Zelt und mit einem Messer wurde ein Loch in die Zeltwand geschnitten. Dann erschien der Kopf von Schneller Wind und er sagte: Komm mit, die Wachen sind eingeschlafen und so kann ich dich befreien. Alina aber antwortete, dass es ihr hier gut gefiele und sie dableiben wolle. Da wurde er sehr böse und sagte: Du kommst jetzt mit und wirst meine Squaw. Nein, sagte sie, ich will nicht!! Da kam er herein und wollte sie fesseln, aber sie rief um Hilfe. Daraufhin kamen die Wachen herein und nahmen Schneller Wind gefangen. Am anderen

Tag kamen die Sioux-Häuptlinge zusammen und verurteilten Schneller Wind zum Tode am Marterpfahl. Er wurde an den Marterpfahl gebunden und die jungen Krieger warfen mit dem Messer nach ihm und schossen mit Pfeil und Bogen auf ihn. Allerdings war das nur ein Übungsprogramm, keiner durfte ihn treffen, es war eine Mutprobe für ihn. Schneller Wind ließ alles mit sich geschehen, verzog keine Miene und zeigte keine Angst. Das beeindruckte die Sioux-Krieger, die selber alle sehr tapfer waren, so sehr, dass sie beschlossen, ihn frei zu lassen. Allerdings musste er versprechen, Alinas Pony Liebling zu bringen. Das tat er dann auch und so hatte sie das Pony wieder und brauchte nicht zu heiraten und keine Squaw werden. So zog sie mit den Sioux weiter durch den wilden Westen Amerikas.

Eines Tages, sie machten gerade eine Mittagspause, geschah Folgendes: Der Oberhäuptling der Sioux, Großes Haupt, hielt auf seinem Pferd unter einem großen Hickory-Baum und Alina war direkt hinter ihm. Da sah sie plötzlich, wie sich eine giftige grüne Baumschlange über dem Kopf des Häuptlings bewegte und ihn wahrscheinlich beißen wollte. Ohne lange zu überlegen, gab sie dem Pferd des Häuptlings einen Klaps aufs Hinterteil, so dass es erschreckt davonsprang und der Häuptling fast heruntergefallen wäre. Der Häuptling kam zurück geritten und schaute Alina ganz bitterböse an, denn für so etwas erhält man normalerweise eine fürchterliche Strafe. Sie aber zeigte nur auf die Schlange im Baum. Da begriff er, dass sie ihm das Leben gerettet hatte. Er tötete die Schlange mit einem gezielten Messerwurf (Kopf ab) und sagte, sie könnte sich jetzt etwas Großes wünschen. Darauf sagte sie zu ihm: Wir kommen bald an einen großen Fluss, den Missouri, da möchte ich mich von euch verabschieden und auf einem Flussdampfer den Strom hinunterfahren. Der Häuptling sagte: Diese Bitte sei dir gewährt. Nun ritten die Sioux mit ihr weiter durch die Prärie, jagten Büffel und erreichten nach einer Woche endlich den Missouri-Fluss. Da kam ein fahrender Kaufmann, der mit den Indianern Handel trieb, daher und sagte, nachdem er von Alinas Wunsch hörte, zu dem Häuptling: Ich fahre mit meinem Wagen bis zur nächsten Anlegestelle des Flussdampfers und kann das weiße Mädchen mitnehmen. Der Häuptling und Alina waren einverstanden. Die Indianer bemalten sich ihre Gesichter mit bunter Farbe und führten zum Abschied einen wilden Kriegstanz mit großem Geheul auf. Dann nahm sie zum Abschied ihr Pony in den Arm und streichelte es noch einmal und stieg auf den Wagen des Händlers. Der Händler hieß Jeremias Appelkoorn (er war gebürtiger Holländer), wurde aber nur Old Apple genannt

# 10. Kapitel: Old Apple

Nachdem Alina bei Old Apple auf den Wagen gestiegen war, sagte er nur Hallo zu ihr. Sie kam mit nach vorn auf den Kutschbock neben Old Apple zu sitzen. Der Wagen war mit einer großen Plane bespannt und wurde von vier braunen Pferden gezogen. Hinten war noch das Reitpferd von Old Apple angebunden. Da es in der Prärie natürlich keine Straßen gab, sondern nur ausgefahrene Fahrspuren, war das Fahren eine sehr ruckelige Angelegenheit. Old Apple war ein alter Säufer und nahm ab und zu immer einen Schluck aus der Schnapsflasche. So wurde er immer lustiger und fing nach einiger Zeit an zu singen. Er sang zum Beispiel folgendes Lied:

> Wer fährt so viel durch die Prärie, Hoho, Hoho
> Old Apple ist das, ein Genie, Hoho, Hoho
> er kämpfte mit dem Grizzlybär, Hoho, Hoho
> der Kampf war für ihn gar nicht schwer, Hoho, Hoho
> er brachte Waren aus aller Welt, Hoho, Hoho
> von den Roten erhielt er dafür Geld, Hoho, Hoho
> von dem Geld da kaufte er sich Schnaps, Hoho, Hoho
> und du kriegst von mir jetzt einen Klaps, Hoho. Hoho.

Nun wollte er ihr einen Klaps geben, war aber inzwischen so betrunken, dass er vom Wagen fiel. Da lag er nun und die Pferde fuhren mit ihr weiter. Was war zu tun??

Sie nahm die Zügel (die Leinen, die zu den Pferden führten), zog heftig daran und rief: Brrrrrr, brrrrrr! Das kannten die Pferde wohl und blieben stehen. Dann hat sie das Reitpferd losgebunden. Dieses lief sofort zu Old Apple hin. Er zog sich mühsam in den Sattel und kam zum Wagen geritten, kletterte hinten hinein und fing an zu schlafen und mächtig zu schnarchen. Davon erschreckten die Pferde und fingen an zu laufen. Da die Fahrspur immer geradeaus führte, konnte aber weiter nichts passieren. Nach einigen Stunden wachte der alte Säufer wieder auf, konnte sich aber an nichts mehr erinnern. Wer bist du denn?, fragte er Alina, und wie kommst du auf meinen Wagen? Sie erzählte ihm, dass er sie mitnehmen wollte, und er sagte okay, okay. No Problem.

Inzwischen fing es an dunkel zu werden und Alina hatte auch großen Hunger. Da beschloss Old Apple, anzuhalten und im Wagen zu übernachten. Zuvor haben beide Holz und Reisig gesammelt und ein großes Feuer angezündet. Daran wurde erst einmal ein Stück Fleisch gebraten und ferner sollte es die wilden Tiere abhalten. Am anderen Morgen, als die Sonne aufging, wurden sie von einem lauten Muh, Muh, Muh geweckt. Alina schaute aus dem Wagen und oh je, der Wagen stand inmitten einer riesengroßen Rinderherde. Die gehörte einem Viehzüchter aus der Gegend und wurde von einer Weide auf eine andere getrieben. Es kamen auch bald einige Cowboys daher und trieben die Herde ein Stück zur Seite. Dann kam der Küchenwagen, der eine so große Herde immer begleitete, vorbei und es gab heißen Tee zu trinken und Spiegeleier mit gebratenem Schinken zu essen. Heißa, war das eine freudige Überraschung. Anschließend trieben die Cowboys die Herde unter einer großen Staubwolke weiter und sie setzten ihren Weg fort. Nach ungefähr sechs Stunden Fahrt kamen sie zu einer Ortschaft, die hieß Dirty Town, das heißt ›Schmutzige Stadt‹. Vor einem Gasthaus mit Namen Last Chance, das heißt ›Letzte Gelegenheit‹, hielt Old Apple an. Er sagte zu Alina, lege dich in den Wagen, ich bin bald zurück. Dann band er die Pferde an einen Holzbalken und ging in das Lokal, natürlich sofort an die Theke, um wieder zu trinken. Alina fing an zu schlafen und wurde aber nach einiger Zeit von lautem Geschrei geweckt. Sie schaute aus dem Wagen und sah gerade, wie Old Apple mit großem Bogen aus dem Lokal hinausgeworfen wurde. Er war natürlich wieder betrunken und hatte mit einigen Cowboys Streit angefangen. So langsam gefiel es ihr nicht mehr bei dem alten Saufbold und sie überlegte, wie sie auf andere Weise zur Schiffsanlegestelle kommen könnte. Da sah sie, dass gegenüber gerade ein Fallensteller mit zwei Packpferden voller Felle losreiten wollte. Sie rief ihn an und fragte, ob er sie bis zum Schiff mitnehmen könnte. Er antwortete, immerzu junge Miss, da hab ich Gesellschaft und es ist nicht mehr so langweilig. Der Mann hieß Jim Knolle, wurde aber allgemein nur Jimmy genannt. Er setzte Alina oben auf eins der Packpferde und los ging die Reise. Bis zur Schiffsanlegestelle war es noch ein Ritt von circa fünf Stunden, so dass sie noch am gleichen Tag ankommen konnten. So war es denn auch spät abends, als sie die Stadt Sioux City mit der Anlegestelle erreichten. Übernachtet wurde nun in einer alten Scheune in einem Heuhaufen. Am anderen Morgen hat sie sich von Jimmy verabschiedet und ist zur Schiffsanlegestelle gegangen. Dort lag ein großer Flussdampfer mit zwei riesigen Schaufelrädern als Antrieb. Alina ging zum Kapitän und fragte ihn, ob er sie auf dem Schiff mitnehmen würde, allerdings hätte sie kein Geld. Da sagte er o.k., aber dafür musst du jeden morgen die Schiffsglocke blitzeblank putzen und anschließend mir mein Frühstuck aus der Kombüse (Schiffsküche) holen. So begann nun Alinas Schiffsreise auf dem Missouri mit dem Flussdampfer ›Stolz des Missouri‹.

# 11. Kapitel: Der Missouri

Nun war Alina also auf dem Flussdampfer ›Stolz des Missouri‹ und Kapitän Hein Lüdermann (seine Eltern waren Deutsche, die vor vielen Jahren nach Amerika ausgewandert waren), der aber von allen nur ›Käpten Ahoi‹ genannt wurde, zeigte ihr ihre Kabine. Sie war sehr klein, denn sie hatte ja keine Passage bezahlt. An der Seite war ein kleiner Schrank mit Schiebetür, daneben ein wackeliger Stuhl und in der Mitte hing eine Hängematte von der Decke herab. Da hat sie sich erst einmal hineingelegt und bis zum anderen Morgen geschlafen. Am anderen Tag, um fünf Uhr morgens, läutete die Schiffsglocke und der Dampfer legte ab. An der Pier standen viele Schaulustige und sahen zu, wie sich der große Raddampfer langsam in die Mitte des Flusses bewegte und immer schneller wurde. Plötzlich fiel Alina ein, dass sie dem Käpten das Frühstück bringen musste. Also, nix wie hin in die Kombüse und vom Smutje (der Schiffskoch) das Frühstück in Empfang genommen und in die Kapitänskajüte gebracht. Moin, moin, du kleine Krabbe, begrüßte sie Käpten Ahoi, was bringst du mir da denn Schönes? Er roch am Teller, der mit einer Haube abgedeckt war und sagte: Mmh, mmh, das riecht ja ganz prächtig. Komm her, mein Schatz, und frühstücke mit mir. Ich darf eh nicht so viel essen, ich werde zu fett. Das geht nicht, Sir, antwortete sie, ich muss die Schiffsglocke putzen. Papperlapapp, sagte der Käpten, hier wird mitgefrühstückt, das ist ein Befehl und das mit der Schiffsglocke war nur ein Scherz, die wird doch immer von dem schwarzen Boy ›Moses‹ geputzt. In dem Moment guckte Moses durch die Tür, er war pechschwarz und zeigte beim Grinsen eine Reihe schneeweißer Zähne und rief: Massa Käpten, ich Schiffsglocke schon geputzt und nun mächtig großen Hunger. Scher dich in die Kombüse, schwarzer Geselle, rief der Käpten, und lass dir vom Smutje einen Teller Speck und Spiegeleier geben. Ay, Ay, Sir, grinste Moses und verschwand blitzschnell von der Tür. So, nun wurde erst einmal kräftig gefrühstückt und Alina musste dem Käpten ihre Erlebnisse berichten. Donnerwetter, sagte Käpten Ahoi, als sie fertig war, da hast du ja in deinen jungen Jahren schon mehr erlebt als mancher alte ›Seebär‹. Nun geh man erst mal nach oben auf Deck und schau dir das Schiff etwas genauer an. Oh je, da gab es ja eine Menge zu sehen. Allein die beiden großen Schaufelräder links und rechts, die das Schiff antrieben, waren beeindruckend. Dann ging Alina in das Steuerhaus zum Steuermann ›Bimbo‹, auch ein Neger, aber schon alt mit grauem Bart. Der kannte den Missouri und auch den großen Mississippi-Fluss wie seine Westentasche. Da war kein Felsen, den er nicht rechtzeitig bemerkte und um den er nicht das Schiff herumsteuerte. Na, kleine Missi, fragte er, willst du auch mal das Steuerrad in die Hand nehmen? Das ließ sich Alina nicht zweimal sagen. Meine Güte, war das ein Erlebnis, das große Schiff von ihr gesteuert. Nach einiger Zeit sagte er: So, Schluss jetzt, da hinten kommen Felsen in der Mitte des Flusses, da muss ich herum. Sie ging inzwischen weiter auf dem Schiff umher und sah plötzlich in einem Holzhaus lauter Gewehre. Wozu braucht ihr die denn?, fragte sie einen Matrosen. Oh yes, Missi, sagte er (auch wieder ein Neger), manchmal böse Räuber kommen mit kleine Boot und wollen an Deck und Schiff und Passagiere ausrauben, dann wir müssen uns wehren und notfalls schießen tot böse Räuber. Ist das denn schon mal passiert?, fragte sie. Oh yes, sagte er, voriges Jahr auf dem Mississippi, kamen acht Mann, wollten an Deck, wir aber aufgepasst und böse Räuber abgewehrt. Hier, er zeigte auf seinen linken Arm, wo er eine lange Narbe hatte, böser Räuber mit Messer zugestochen, ich aber mit Gewehr Räuber auf Kopf geschlagen, fiel gleich ins Wasser. Da ist die Reise wohl manchmal gefährlich?, fragte sie. Yes, yes, mächtig gefährlich manchmal, müssen sehr aufpassen und Fluss beobachten. Dann ging Alina in ihre Kabine, um etwas zu schlafen, denn das Herumlaufen hat sie ganz schön ermüdet.

# 12. Kapitel: Moses 2

Alina lag in ihrer Hängematte auf dem Flussdampfer ›Stolz des Missouri‹ und träumte gerade von Zuhaus, als sie von einem heftigen Ruck, bei dem die Hängematte kräftig hin und her geschaukelt wurde, aufwachte. Mit einem Satz war sie auf den Beinen und lief nach oben, um zu sehen, was passiert war. Ach, du Schreck, es war stockdunkel, nur ein paar Petroleumfunzeln brannten an Deck und auf dem Vorderdeck lag ein riesengroßer Baum. Es hatte nachts mächtig gestürmt und Käpten Ahoi hatte vorsichtshalber das Schiff angehalten und am Ufer verankert. Nun hatte der Sturm eine uralte Hickory-Eiche, die schon halb vertrocknet war, umgeworfen. Dieser Baum war nun auf das Vorderdeck gefallen. Gott sei Dank war nur die Reling (das Schiffsgeländer) beschädigt und ein paar Decksplanken waren eingedrückt. Den Menschen auf dem Schiff war nichts passiert. An eine Weiterfahrt war natürlich nicht zu denken. Wer sollte den Baum vom Schiff entfernen? Erst einmal musste der nächste Morgen abgewartet werden, um den ganzen Schaden zu begutachten. Also wurden vorsichtshalber Wachen aufgestellt, um unliebsame Überraschungen zu vermelden, und alle Passagiere gingen wieder schlafen. Alina wollte auch gerade wieder in ihre kleine Kabine gehen, als sie unter den Zweigen des Baumes eine Bewegung bemerkte. Nanu, dachte sie, hat sich da ein Tier auf das Schiff verirrt? Sie verhielt sich mucksmäuschenstill und beobachtete die Bewegung. Nach einer kleinen Pause kam plötzlich ein kleiner schwarzer Junge auf allen Vieren herangekrochen. Als er in der Dunkelheit an ihr vorüberwollte, machte sie Psst und zog den Knaben zu sich heran. Der war ungefähr sieben Jahre alt und schlotterte vor Angst. Fürchte dich nicht, sagte sie zu ihm, ich tue dir nichts, aber was tust du hier? Da erzählte er ihr seine Geschichte: In der Nähe der Anlegestelle des Schiffes war ein Dorf, in dem lauter Schwarze wohnten, die auf den Baumwollfeldern eines Großgrundbesitzers arbeiteten. Nun hatte der Knabe keine Eltern mehr, die waren bei einer Bootsfahrt ertrunken und er lebte bei fremden Leuten. Der Mann dieser Familie schickte den Jungen täglich zum Arbeiten, das heißt, er musste die Schweine und Ziegen hüten und den Schweinestall immer sauber halten. Am Abend hatte der Mann immer etwas an ihm auszusetzen und es gab jedes Mal Prügel mit einem Stock. Zu essen bekam er nur trockenes Maisbrot, und Wasser zu trinken. Er wollte auch gern zur Schule gehen, aber das wurde ihm nicht erlaubt. Als nun bei dem Sturm das Schiff vor Anker ging und der Baum auf das Schiff fiel, konnte er über den Baumstamm auf das Schiff klettern. Er beschloss, von zu Haus fortzulaufen und als blinder Passagier mit dem Dampfer mitzufahren. Oh je, vor Mitleid kamen Alina beinah die Tränen. Den Knaben konnte sie nicht wieder zurückschicken, sie wusste aber auch, dass der Kapitän ihn wieder von Bord jagen würde. Also nahm sie all ihren Mut zusammen und versteckte ihn in ihrer Kabine. Inzwischen wurde es hell und der Käpten schickte Bimbo, den Steuermann, los, um Leute zu suchen, die den Baum zersägen und vom Schiff entfernen sollten. Dieser kam auch nach einiger Zeit mit sechs Negern zurück. Diese erhielten vom Schiffszimmermann Sägen und nun wurde der Baum in Stücke gesägt und ans Ufer gebracht, Als die Arbeit beendet war und die Leute ihren Lohn erhielten, fragte einer der Männer den Kapitän nach dem kleinen Jungen. Der Käpten sagte, bei uns kommt niemand Fremdes an Deck, also schert euch nach Haus. Am späten Nachmittag ging dann die Reise weiter. Nach zwei weiteren Tagen, der Knabe bekam immer einen Teil von Alinas Mahlzeit zu essen, wunderte sich der Smutje (der Koch), dass sie immer so große Portionen mit in ihre Kabine nahm. Sie überlegte, dass sie die Sache nicht länger geheimhalten konnte. Eines Tages ergab sich die Gelegenheit. Sie erinnerte sich noch an den schwarzen Boy Moses, der auch immer die Schiffsglocke putzen musste. Dieser Moses war vor einigen Tagen auf Nimmerwiedersehen verschwunden. Der Käpten fluchte schon die ganze Zeit, dass er keinen Schiffsjungen mehr hatte, der ihm die Wege abnahm und die Schiffsglocke putzte. Als sie dem Käpten eines Tages das Frühstück brachte und er sehr gut gelaunt war, beichtete sie ihm ihr verbotenes Tun. Er schaute zuerst ganz böse drein, aber dann fiel ihm ein, dass er ja einen Schiffsjungen brauchte. Gut, sagte er, deine Tat sei dir vergeben. Schick den Burschen herauf zu mir, ich will mir den Knaben mal ansehen, ob er brauchbar ist. Sie holte ihn aus ihrer Kabine herauf zum Kapitän. Der Junge fing schon wieder an, vor Angst zu schlottern, hatte er doch bisher immer nur Schläge bekommen. Nun hör mal auf zu schlottern, sprach der Kapitän, ich werde dir schon nicht den Kopf abreißen. Wie heißt du denn, mein Junge? Ich heißen Nebukadnezor, sagte er. Ach was, sagte der Käpten, das ist doch kein Name. Ab heute heißt du Moses Zwei und bist unser neuer Schiffsjunge. Melde dich erst einmal beim Smutje, dass er dir etwas Ordentliches zu essen macht. Dann gehst du zum Steuermann, der wird dir sagen, was du zu tun hast. Danke, Käpten, danke, sagte er und zu Alina sagte er auch danke. Liebe Missi, dass du mich nicht verraten hast, ich bete für dich jeden Abend. Nun ist es aber genug, schimpfte der Käpten, der plötzlich mit einem großen Taschentuch immer an seinen Augen herumwischte. Raus jetzt hier, ihr beiden Heimlichtuer. So hat sie dem armen Jungen eine neue Heimat auf dem Dampfer gegeben. Nun war der Dampfer an der Stelle angekommen, wo der Missouri in den Mississippi mündet. Die Wasserfläche war so groß, dass man nicht das andere Ufer sehen konnte. Da war vielleicht was los auf dem Fluss! Lauter kleine und mittlere Boote und Schiffe schwammen dort umher, zum Teil Fischerboote oder Transportschiffe, die Waren transportierten. Entgegen kam gerade noch so ein großer Raddampfer. Beide Schiffe betätigten ihre Dampfhupen und Schiffsglocken, das war ein Spektakel. Die Passagiere auf beiden Schiffen winkten sich zu und auch Alina schwenkte ein großes weißes Laken hin und her. Nun waren sie also auf dem Mississippi, wo es die gefährlichen Flusspiraten gab.

Die nächste Schiffsanlegestelle war bei der Stadt St. Louis, die gleich hinter der Flussmündung liegt. Dort ging der ›Stolz des Missouri‹ vor Anker. Das Schiff blieb nun zwei Tage dort liegen. Einige der Passagiere stiegen aus, andere kamen neu aufs Schiff und noch andere gingen in ein Hotel, um zu feiern und zu tanzen. Was sollte Alina nun mit den zwei Tagen anfangen? Moses Zwei hatte eine Idee: Er sagte: hör zu, Missi (er nannte sie immer nur Missi), wir gehen in das große Hotel dort drüben und fragen nach Arbeit, so können wir uns etwas Geld verdienen. Da sie sowieso kein Geld hatte, fand sie die Idee sehr gut. Also gingen sie hinüber und der Chef sagte: O.k., ihr beiden, Moses Zwei kann die Fußböden und die Treppen aufwaschen. Alina musste in der Küche Geschirr spülen. Hui, war das eine Arbeit, dass es so viel Geschirr in einer so großen Küche gab, konnte sie sich vorher gar nicht vorstellen. So haben sie zwei Tage lang jeden Tag sechs Stunden gearbeitet. Am Ende bekam jeder von ihnen für die Arbeit dreißig Dollar ausgehändigt, das war eine Menge Geld und wurde für eventuelle Notfälle aufgehoben (das Essen auf dem Schiff kostete ja nichts). Am Morgen des dritten Tages legte der Dampfer ab und es ging weiter nach Süden.

# 13. Kapitel: Auf dem Mississippi

Der Dampfer hatte schon ein ganzes Stück auf dem Mississippi zurückgelegt, als plötzlich aus einem entgegenkommenden kleineren Schiff Flammen herausschlugen. Das Schiff war mit Baumwolle beladen, die sich entzündet hatte. Der Dampfer stoppte und auch das andere Schiff hielt an. Die Besatzung des Schiffes kletterte in ein Boot und kam zum Dampfer herübergerudert. Mit einer großen Pumpe und einem langen Schlauch versuchte die Mannschaft des Dampfers, das Feuer zu löschen. Dies gelang jedoch nicht, da bereits die gesamte Baumwolle in Flammen stand. So mussten alle mit ansehen, wie das ganze Schiff verbrannte und am Ende langsam in den Fluten versank. Die Besatzung wurde an Bord genommen und im nächsten Hafen, in Memphis, an Land gesetzt. In Memphis gab es nur einen Aufenthalt von ein paar Stunden, Passagiere gingen von Bord, neue kamen hinzu und es wurde Proviant und Wasser aufgenommen. Während das Schiff an der Anlegestelle lag, beobachtete Alina, dass immer wieder so ein paar dunkle Gestalten vor dem Schiff hin und her schlichen, und einer ab und zu an Bord kam und mit einem Besatzungsmitglied sprach. Dieser Mann von der Besatzung war ihr schon früher aufgefallen, er hatte eine lange Narbe im Gesicht und war des öfteren auch im Maschinenraum. Na ja, sie hatte sich nichts weiter dabei gedacht. Später sollte sich jedoch herausstellen, dass ihre Beobachtungen sehr wertvoll waren. Nun war alles auf dem Schiff erledigt. Die Schiffsglocke ertönte und der Laufsteg wurde eingezogen. Viele Menschen am Ufer winkten noch einmal und unter lautem Hupen der Dampfsirene legte der Dampfer ab. Weiter ging die Fahrt Richtung Süden.

Am anderen Tag, es kam gerade eine große Insel in Sicht, fing der Schiffsmotor an zu stottern und setzte endlich aus. Der Dampfer konnte nicht mehr weiterfahren. Von der Insel kamen drei kleine Boote heran, jedes mit mehreren Männern besetzt. Der Kapitän rief sofort: Alaaarm, alle Mann an Deck, Piraten kommen! Alle Männer bewaffneten sich mit Gewehren und harten Holzschlägern. Auf das erste Boot wurde mit den Gewehren geschossen. Nachdem zwei Mann getroffen waren, kehrte dieses um. Die Piraten des zweiten Bootes versuchten an Bord zu klettern, erhielten aber von der Mannschaft mit den harten Holzschlägern kräftige Hiebe auf den Kopf, so dass sie ihr Vorhaben aufgaben. Das dritte Boot aber fuhr nach hinten und die Piraten versuchten an dem stillstehenden Antriebsrad des Dampfers empor zu klettern. Inzwischen hatte aber der Maschinist versucht, den Antriebsmotor wieder in Gang zu setzen. Er fand auch die Ursache heraus, wodurch der Motor stehen geblieben war. Irgendjemand hatte den Treibstoffhahn zugedreht. Nun fing der Motor wieder an zu laufen und die Schaufelräder fingen gerade in dem Moment an sich zu drehen, als die Piraten daran hochklettern wollten. Alle Piraten fielen in den Fluss und der Dampfer entfernte sich von ihnen. Der Steuermann Bimbo hatte Alina gerade ins Steuerhaus eingeladen, als der Überfall begann. So konnte sie alles gut beobachten. Nach dem das Ganze vorüber war, fragte sie den Bimbo, warum das Schiff plötzlich nicht mehr weiterfuhr. Der Steuermann sagte, dass jemand den Treibstoffhahn zugedreht hatte. Da kam ihr ein Verdacht. Ich möchte sofort zum Kapitän, sagte sie. Moses Zwei, der Schiffsjunge, kam und brachte sie zum Käpten. Nachdem Alina ihm ihre Beobachtungen in Memphis erzählt hatte, war für ihn die Sache klar. Das Narbengesicht steckte mit den Piraten unter einer Decke. Der Steuermann Bimbo und der Bootsmann Jeremy mussten den Kerl

herbeiholen. Nachdem der Käpten gedroht hatte, ihn auf-
zuhängen, gestand er, dass er Mitglied der Piraten war. Er
verriet auch die Stelle auf der Insel, wo man die Piraten gefangen nehmen konnte. Sofort schickte der Kapitän einen
Mann mit einem Boot an Land zur nächsten Polizeistation.
So konnten alle Piraten gefangen werden und kamen viele
Jahre ins Gefängnis.

Auch das Narbengesicht wurde der Polizei übergeben, erhielt aber vorher an Bord noch eine kräftige Tracht Prügel.
Der Dampfer fuhr weiter den Mississippi hinunter bis zu seinem Endziel, der Stadt New Orleans. Hier mündet der Fluss
in das Meer, den Golf von Mexiko. Hier war Alinas Schiffsreise
zu Ende. Sie verabschiedete sich von allen Leuten und auch
vom Kapitän ›Käpten Ahoi‹. Dann ging sie von Bord, aber
was nun? Ganz allein in einer fremden Stadt!

# 14. Kapitel: Adieu Amerika

Nachdem Alina in New Orleans den Mississippi-Dampfer verlassen hatte, überlegte sie, was nun zu tun sei. Eigentlich, so dachte sie, müsste sie ja zurück nach Südafrika. Also hielt sie Ausschau nach einem Schiff, das sie von Amerika nach Südafrika bringen könnte. Da lag im Hafen ein Schiff mit Namen ›Queen of Oceans‹, das heißt ›Königin der Meere‹, und dieses Schiff hatte Waren für Kapstadt geladen. Sie ging an Bord und fragte, ob sie als Passagier mitreisen könnte. Der Kapitän sagte, dass er eine Kabine frei hätte, die aber dreihundert Dollar kosten würde. Au weia, soviel Geld besaß sie natürlich nicht, sondern nur die gesparten dreißig Dollar, die sie im Hotel in St. Louis verdient hatte. Daher machte sie dem Kapitän einen Vorschlag. Sie sagte, dass sie dreißig Dollar anzahlen würde und den Rest bekäme er in Kapstadt. Er ging auf den Vorschlag ein und sie ging sofort in ihre Kabine. Die war allerdings nicht sehr groß. In einer Ecke stand ein kleiner Tisch mit einem Stuhl, an der gegenüberliegenden Wand war ein schmaler Schrank befestigt und an der Decke hing eine Hängematte. Nachdem Alina sich erst einmal etwas ausgeruht hatte, ging sie an Deck, um das Schiff zu besichtigen. Der Kapitän, er hieß Jonathan Sauerbier, sah sie kommen und sagte, dass es zu gefährlich sei, auf dem Schiff herumzulaufen, sie durfte also nur oben auf dem Deck spazieren gehen. Die Mannschaft bestand aus einem deutschen Steuermann und acht Matrosen aus verschiedenen Ländern. Der Steuermann hieß Jan Mückenschiss, wurde aber nur Mücke genannt. Da es inzwischen Abend geworden war, ging sie wieder in ihre Kabine und legte sich in die Hängematte zum Schlafen. Am anderen Morgen ging die Reise los. Sie wurde vom Heulen der Schiffssirene geweckt und sah aus ihrem runden Kabinenfenster, wie sich das Land immer weiter entfernte. Adieu Amerika, dachte sie, es war doch eine schöne aufregende Zeit gewesen. Nach kurzer Zeit klopfte es an der Tür und ein Chinesenboy brachte ihr das Frühstück. Es bestand aus Weißbrot, Speck und zwei gebratenen Eiern. Wie ist dein Name?, fragte sie den Boy. Ich heißen Chally. Er meinte Charly, konnte aber wie alle Chinesen kein ›R‹ sprechen. Gut, Chally, sagte sie, ich kann dich leiden, wir wollen Freunde sein. Au fein, Missi, sagte er, ich immer auf dich aufpassen, dass keiner dir was tut. So hatte sie einen Beschützer an Bord. Die Tage auf dem Schiff waren recht langweilig, ab und zu saß Alina mit Chally an Deck und er erzählte ihr von seiner Heimat China.

Inzwischen hatten sie den Atlantischen Ozean überquert und das Schiff begann, an der afrikanischen Küste entlangzufahren, als plötzlich ein großer Sturm aufkam. Der Sturm wurde immer stärker, die See hatte meterhohe Wellen und das Schiff schaukelte fürchterlich auf und ab und hin und her. Chally kam in Alinas Kabine und war vor Angst ganz grün im Gesicht. Wir gehen unter, Missi, wir gehen unter, sagte er in einem fort. Ach Quatsch, Chally, sagte sie, der Sturm ist bald vorüber, dann geht's wieder ruhiger zu. Plötzlich gab es einen großen Knall. Das ganze Schiff bebte und fuhr nicht mehr weiter. Oh je, oh je, was war passiert? Das Schiff war auf ein Felsenriff gelaufen, hatte ein großes Loch im Rumpf und legte sich langsam zur Seite. Der Kapitän rief: Alle Mann an Deck! Dann ließ er zwei Rettungsboote zu Wasser. In das erste kleinere Boot kam Alina mit dem Steuermann Jan und dem Chinesenboy Chally, in das zweite Boot ging der Kapitän mit dem Rest der Mannschaft. Der Steuermann holte schnell noch viel Verpflegung und Trinkwasser ins Boot sowie alles Werkzeug, was er in der Eile fassen konnte. Ferner zwei Gewehre, eine Pistole und genug

Munition. Auch konnte er noch ein großes Zelt und drei zusammengerollte Luftmatratzen erwischen. Kaum waren alle Leute in den Rettungsbooten, gab es ein lautes Gurgeln, und das Schiff versank für immer im Meer. Die See ging noch immer sehr hoch, obwohl der Wind etwas nachgelassen hatte. Allerdings konnten bei diesem Seegang die Boote nicht beieinanderbleiben. So trieb das Boot, ohne dass sie es zuerst bemerkten, auf eine Insel zu und wurde von den Wellen an Land gespült. Jan, der deutsche Steuermann, und Chally zogen das Boot weiter den Strand hinauf und banden es an einer Palme fest. Dann nahm Jan ein Gewehr in die Hand und sagte zu ihnen: Ihr beiden bleibt jetzt hier zurück. Ich gehe die Insel erkunden, um zu sehen, wie groß sie ist. Chally, du nimmst die Pistole und wenn ein Tier kommt, schießt du darauf. Bei Gefahr schießt du dreimal in die Luft. Dann ging er los und den beiden war gar nicht wohl zumute. Nach ungefähr drei Stunden kam er zurück. Es sieht nicht gut aus, sagte er. Die Insel ist nicht sehr groß, aber unbewohnt. Allerdings gibt es viele Tiere und Vögel hier, so dass wir vorerst nicht zu Hungern brauchen. Die beiden Männer errichteten nun das Zelt und bliesen die Luftmatratzen auf. Dann wurde von den mitgebrachten Vorräten ein Abendessen bereitet. So, sagte Jan, jetzt gehen wir schlafen, Chally und ich halten abwechselnd Wache. Du, Alina, kannst durchschlafen. Kurz bevor der Kapitän ins Rettungsboot stieg, hatte er noch SOS gefunkt, um Hilfe zu holen. Da das Schiff aber so schnell untergegangen war, wusste niemand die genaue Lage. Ein Suchflugzeug konnte nichts entdecken und kehrte unverrichteter Dinge wieder zurück. So lebten die drei Leute allein auf der Insel vor Afrika.

Da die mitgebrachten Vorräte nach einiger Zeit aufgebraucht waren, nahm sich Jan, der Steuermann, von Zeit zu Zeit ein Gewehr und ging auf die Jagd. Er brachte dann verschiedene Vögel mit und einmal sogar ein kleines schwarzes Wildschwein. Das Fleisch wurde gebraten und dazu gab es Kokosnussmilch und Melonen, die wild auf der Insel wuchsen. Chally dagegen war ein Meister des Fischfangs und brachte manchen dicken Fisch vom Angeln heim. So verging ein Monat, ohne dass etwas Besonderes geschah. Dann eines Tages tauchte am Horizont ein Schiff auf. Sie zündeten sofort ein großes Feuer an, um auf sich aufmerksam zu machen. Das Schiff bemerkte sie auch, ankerte, und ein Boot mit vier Männern kam an Land. He da, wen haben wir denn da?, riefen sie voller Freude, und sie bekamen einen großen Schreck. Es waren Sklavenhändler, die ab und zu die Küste entlangfuhren, um Sklaven zu fangen. Die wurden dann an Herrscher und Häuptlinge verschiedener afrikanischer Länder verkauft. So wurden sie plötzlich von Schiffbrüchigen zu Sklaven.

# 15. Kapitel: Sklaverei

Nachdem die Sklavenjäger die drei eingefangen hatten, wurden sie an Händen und Füßen gefesselt und in deren Boot gelegt. Auf dem Schiff angekommen, warfen sie sie in einen unteren dunklen Schiffsraum. Dort ließen sie sie erst einmal zwei Tage lang ohne Essen und Trinken liegen. Nur einige Ratten liefen da unten hin und her. Am dritten Tag holten die Sklavenfänger alle drei nach oben an Deck. Die Hände wurden mit Ketten versehen und zwar wurde Alinas rechte Hand an die linke von Chally gekettet und Alinas linke Hand an die rechte von Jan. Ferner erhielten sie Fußketten, so dass sie nur kleine Schritte von cirka dreißig Zentimetern machen konnten. In den folgenden Tagen kamen sie nur einmal pro Tag an Deck, um zu essen und zu trinken. Es gab trockenes Weißbrot, alten Käse und Wasser. Das Sklavenschiff fuhr indessen nach Norden um Afrika herum, durch das Mittelmeer, den Suez-Kanal und das Rote Meer bis zu einem Land, das hieß Sudan. Hier lebten reiche Herrscher, die viel Geld für Sklaven, besonders für weiße, zahlten. An solche sollten sie verkauft werden. Durch die schlechte Ernährung und das Liegen im dunklen Verließ war ihr Zustand ziemlich miserabel geworden. Nun mussten sie jedoch, um gute Preise zu erzielen, einen besseren Eindruck machen, das heißt, die Männer mussten gesund und kräftig erscheinen und Alina musste recht hübsch aussehen. Daher wurden sie nach zwei Wochen oben an Deck in einen hellen Raum gebracht und erhielten jetzt auch gutes Essen und Trinken. Als das Schiff endlich im Sudan angekommen war, ankerte es in einer geheimen Bucht. Der Sklaven-Kapitän ging mit zwei Männern an Land, um mit einem Käufer für die drei zu verhandeln. Auf dem Sklavenschiff waren auch zwei chinesische Seeleute.

Mit denen hatte sich Chally schon ein paar Mal unterhalten. Einer dieser Chinesen, der von den anderen Matrosen immer schlecht behandelt wurde, steckte plötzlich Chally ein paar Schlüssel für die Ketten in die Tasche. Das sollte für spätere Zeit sehr nützlich sein. Nun waren sie jederzeit in der Lage, ihre Ketten zu lösen. Als der Kapitän mit seinen Männern zurückkam, wurden sie an Land gebracht und mussten angekettet durch die Wüste gehen. Nach ungefähr einer halben Stunde kamen sie an ein Wasserloch. Dort warteten ein Reiter und ein zweirädriger Karren mit einem Kamel davor auf die drei. Sie mussten auf den Karren klettern und ab ging es durch die Wüste bis zu einer Oase, in der das Schloss eines Herrschers stand. Nun wurden sie dem Scheich vorgeführt. Es begann ein großes Feilschen und es endete mit ihrem Verkauf an den Scheich. Der Scheich führte sie in einen kühlen Raum, ließ ihnen die Handfesseln abnehmen, und es gab reichlich zu essen und zu trinken, besonders auch Früchte, auf die sie so lange verzichten mussten. In dem Raum konnten sie erst einmal schlafen.

Während das Sklavenschiff durch das Rote Meer fuhr, war es einem Polizeiboot aufgefallen, welches nun heimlich hinterherfuhr. Die Sklaverei ist auf der ganzen Welt verboten und wird in jedem Land hart bestraft. Als das Schiff in der geheimen Bucht ankerte, schickte das Polizeiboot über Funk eine berittene Patrouille zu der Oase. Diese umstellte das Schloss und forderte den Scheich auf, die Sklaven herauszugeben. Der Scheich jedoch dachte gar nicht daran und lieferte sich mit der Polizei ein Feuergefecht. Da der Scheich eine Menge Leute mit Gewehren hatte, war die Polizei zu schwach, um ihn zu besiegen. In dem Moment, wo die Schießerei begann, wurden die drei nicht mehr bewacht. Das war die Gelegenheit zur Flucht. Mit Challys Schlüssel öffneten sie ihre Fußketten, kletterten aus einem hinteren Fenster und liefen hinter einen Felsen. Dort wurden die Kamele der Polizeipatrouille von einem Mann bewacht. Dieser rief sofort seinen Polizisten zu, mit dem Schießen aufzuhören. Die drei kamen mit auf die Kamele und es ging in die Polizeikaserne.

# 16. Kapitel: Heimkehr

Nun waren die drei Gott sei Dank wieder frei, aber wie kamen sie jetzt vom Sudan nach Südafrika? Die sudanesischen Polizeibeamten erzählten ihnen von einer Kamelkarawane, die in der nächsten Woche vom Sudan durch das Land Äthiopien bis in das Land Somalia zog, um dort Handel zu treiben. Diese Kaufleute würden sie, allerdings gegen Bezahlung, mitnehmen. Die drei beratschlagten eine Zeitlang und waren dann der Meinung, dass das wieder eine interessante abenteuerliche Reise werden würde. Jan, der Steuermann, der sein Geld stets im Brustbeutel am Körper trug und es daher beim Schiffsuntergang nicht verloren hatte, erklärte sich bereit, alle Kosten zu übernehmen. Nun ging ein großes Feilschen mit dem Karawanenführer los. Er verlangte zunächst 900 Dollar für alle drei. Nein, sagte Jan, das ist viel zu viel, soviel Geld besitze ich nicht, ich zahle höchstens 100 Dollar pro Person. Das akzeptierte der wieder nicht und verlangte nun 750 Dollar. Kurz und gut, zum Schluss einigte man sich auf 450 Dollar einschließlich Verpflegung.

Nach drei Tagen und Nächten in der Polizeikaserne ging die Reise endlich los. Die Karawane bestand aus zwölf Kamelen, alles Stuten, um unterwegs Kamelmilch trinken zu können, sowie aus vier Kaufleuten und einem Karawanenführer. Jeder der drei kam auf einem mit Waren bepackten Kamel zu sitzen. Das war anfangs eine ganz schöne Schüttelei. Die Reise ging größtenteils durch die Wüste, später durch trockenes, mit Sträuchern bewachsenes Land. Eine Tagestour ging immer von einem Wasserbrunnen zum nächsten. Jeden Abend, wenn die Dunkelheit begann, wurde Rast gemacht. Die Kamele legten sich im Kreis zusammen und in der Mitte wurde aus getrocknetem Kameldung ein Feuer angezündet.

Darauf wurde Tee gekocht. Zu essen gab es Maisfladenbrot und getrocknetes Fleisch. Tagsüber war es sehr heiß und nachts äußerst kalt. Als sie ungefähr eine Woche durch die Wüste geritten waren, kam plötzlich ein heftiger Sandsturm auf. Schnell wurde mit den Kamelen ein enger Kreis gebildet. Alle Personen legten sich in die Mitte und zogen Decken über sich, denn der Sand ist sehr fein und dringt in alle Ritzen. Im Nu war die Sonne von dem aufgewirbelten Sand verdunkelt, es war wie in der Nacht. Der Sandsturm dauerte circa eine Stunde, dann war alles vorüber. Alle waren mit Sand fast gänzlich zugedeckt und mussten sich unter den Decken hervorarbeiten. Nachdem alles vom Sand befreit war, ging die Reise weiter.

Sie hatten den Sudan schon längst verlassen und waren bereits einige Tage im Nachbarland Äthiopien. Eines Abends, die Kamele hatten sich gerade im Kreis hingelegt, wurden diese unruhig und sprangen wieder auf.. Sie waren kaum zu bändigen. Da erscholl auch schon das laute Gebrüll eines Löwen. Alle Männer, auch Jan, griffen zu den Gewehren. Da, plötzlich kam der Löwe angeschlichen und wollte offensichtlich eines der Kamele angreifen. Die Kaufleute schossen sofort auf ihn, verwundeten ihn aber nur. Nun änderte der Löwe seine Laufrichtung und kam direkt auf sie zu. Chally, der Chinesenboy, schrie laut um Hilfe. Nur ruhig Blut, sprach Jan, zielte kurz auf den Löwen und traf ihn genau ins Herz. Der Löwe fiel sofort um, er war aber inzwischen auch bis auf fünf Meter an sie herangekommen. So, das Löwenfell gehörte nun Jan, aber die Araber (die Kaufleute) hätten es auch gern besessen. Jan machte einen Handel daraus. Gebt mir mein Geld wieder, sagte er, dann gehört euch das Fell. Auf diesen Vorschlag ging einer der Kaufleute ein. So hatte Jan durch seine mutige Tat sein Geld zurück erhalten und Chally und Alina waren nicht mehr in seiner Schuld.

Die Karawane zog weiter, kam an die Grenze von Äthiopien zum Nachbarland Somalia. So, sagte der Karawanenführer, heute Nacht wird nicht geschlafen. Wir müssen bei Nacht über die Grenze. Am Tage lauern immer wieder räuberische Banden auf Karawanen, die entweder alles wegnehmen oder eine Menge Geld verlangen. Kaum war die Dunkelheit hereingebrochen, ritt der Karawanenführer los und die restliche Karawane folgte in einem größeren Abstand. Es klappte alles reibungslos. In Somalia angekommen, war nach zwei Tagen das Ziel der Karawane, die Hafenstadt Dschibuti, erreicht. Am anderen Tag nahmen sie Abschied von den netten Kaufleuten und wanderten zum Hafen. Jan, der Seemann, sagte, es müsste doch mit dem Teufel zugehen, wenn wir hier nicht eine Möglichkeit fänden, per Schiff nach Südafrika zu kommen. Als sie so nichts ahnend dahinschlenderten, hörten sie plötzlich, wie jemand rief: He, Jan, du alter Seebär, wie kommst du denn hierher? Die Überraschung war geglückt. Vor ihnen stand der alte Kapitän Jonathan Sauerbier. Nun erzählte erst einmal jeder, wie es ihm ergangen war. Nach dem Schiffsuntergang war das Rettungsboot mit dem Kapitän und seinen restlichen Männern nach zwei Tagen von einem Dampfer entdeckt worden. Die Männer wurden an Bord genommen und in der nächsten Hafenstadt, das war Lagos in Nigeria, an Land gebracht. Hier heuerte der Kapitän vorerst als erster Steuermann auf einem großen Schiff an und war bereits einmal um ganz Afrika herum gefahren. Sein Schiff lag nun hier vor Anker und nahm Ladung auf für Kapstadt in Südafrika. Juchhei, besser konnte es doch gar nicht kommen.

Nachdem Jonathan Sauerbier mit dem Kapitän des Schiffes gesprochen hatte, wurde Jan als zweiter Steuermann übernommen und Chally als Küchenboy. Alina durfte dafür umsonst mitfahren. Nach zwei Tagen ging die Reise los. Alina bekam eine kleine Kabine mit Bullauge, das ist ein rundes Fenster, auf der Westseite. So konnte sie in der Ferne das Land sehen. Das Schiff fuhr nun immer an Afrikas Küste entlang, mal etwas dichter, mal etwas entfernter, manchmal war das Land auch ganz verschwunden. Unterwegs lief das Schiff verschiedene Häfen an und nahm weitere Ladung auf. In einer Hafenstadt, die heißt Mombasa und liegt in dem Land Kenia, kamen drei Passagiere an Bord, ein Ehepaar mit einer 8-jährigen Tochter. Das waren Deutsche, die nach Südafrika wollten. Das Mädchen hieß Linda Bergmann und freute sich, dass bereits ein anderes Mädchen an Bord war. So war auch Alina nicht mehr allein, und sie haben auf dem Schiff allerlei unternommen. Einmal hat sie der Kapitän mit auf die Brücke genommen und erklärt, wie das Schiff gesteuert wird. Ein anderes Mal gingen sie mit dem Maschinist in den Maschinenraum. Dort war es sehr laut und warm, so dass sie froh waren, als sie wieder an Deck waren. Das Frühstück, Mittagessen und Abendbrot wurde immer zusammen mit dem Kapitän, mit Jan, dem zweiten Steuermann, und mit der Familie Bergmann eingenommen. Da hieß es ordentlich am Tisch zu sitzen und sich anständig zu benehmen. Als Linda einmal ein Glas Orangensaft umgekippt und über den Tisch gegossen hatte, musste sie zur Strafe einen Tag lang in ihrer Kabine bleiben. Das war sehr hart, aber so streng wurde sie erzogen. Nun hatte das Schiff inzwischen die Küste Südafrikas erreicht. Es war ein sehr heißer Tag und sie lagen faul an Deck in den Liegestühlen. Da ließ der Kapitän ein großes Segeltuch an allen vier Ecken aufhängen und es mit Wasser füllen. Was für eine Freude, jetzt konnten sie auf dem Schiff baden.

Die Reise ging nun langsam ihrem Ende entgegen. Kapstadt kam in Sicht und das Schiff fuhr in den Hafen ein. Alina nahm Abschied von Jan und Chally und mit einem Boot wurde sie an Land gebracht. Nun war die große Abenteuer-reise zu Ende. Die wilden Tiere mussten ohne ihre König-in auskommen. Der Walfisch Nappo schwamm mit den Delfinen wieder im Indischen Ozean herum. Die Piraten schmachteten im Gefängnis und Scheich Abu Saif dachte noch oft an die kleine Alina zurück. Das kleine Kamel Hojo war inzwischen schon ziemlich groß geworden. Auf dem indischen Schloss wurde die Hochzeit der beiden Töchter Mara und Mira vorbereitet. Die Chinesen sangen jede Woche das vom Dorflehrer gedichtete Alina-Lied. Die Navajo- und die Sioux-Indianer haben sich aufgrund der gemeinsamen Erlebnisse zu einem großen Stamm zusammengeschlossen. Alinas Pferd Liebling wird jetzt von der kleinen Rose geritten. Der Kutscher Old Apple war eines Tages wieder betrunken vom Bock gefallen und liegt nun mit einem gebrochenen Bein im Bett. Käpten Ahoi vom Missouri-Dampfer hat neue Gewehre bekommen und braucht sich nicht mehr vor den Flusspiraten zu fürchten. Moses Zwei, der Schiffsjunge, fährt weiterhin auf dem Dampfer und denkt oft an seine Freun-din Alina. Das Sklavenschiff wurde nach der Flucht der Ge-fangenen von dem Polizeiboot beschossen und versenkt. Das Schiff, das Alina zurück nach Kapstadt gebracht hatte, ging gleich wieder auf große Fahrt. Alina freut sich, wieder zu Hause zu sein, und denkt sicher noch sehr lange an ihre große Abenteuer-Reise rund um die Welt zurück.

ENDE!!!